蓬头彼得
Der Struwwelpeter

海因里希・霍夫曼 | Heinrich Hoffmann

蓬头彼得

Der Struwwelpeter

有趣的故事和滑稽的图画

卫茂平 译
Übersetzt von Wei Maoping

双语版：中文和德文

Edition Tintenfaß

69239 Neckarsteinach
Tel. / Fax: +49 - 62 29 - 23 22
www.verlag-tintenfass.de
info@verlag-tintenfass.de

Satz: OLD-Media OHG, Neckarsteinach

Druck: Danuvia Druckhaus Neuburg GmbH

ISBN 978-3-937467-59-7

前言

法兰克福的医生，海因里希•霍夫曼所作《蓬头彼得》是最著名的德国少儿作品。它自1845年问世以来，几乎已被译成120种外语或方言，成为名副其实的国际读物。

为了纪念海因里希•霍夫曼（1809-1894）200周年诞辰，现推出汉语版本。译者为中国著名日尔曼学者、上海外国语大学卫茂平教授。他曾翻译了大量德国文学和哲学著作，其中包括《格林童话》，奥特弗里德•普鲁斯勒的《山妖传》，马丁•瓦尔泽的《迸涌的流泉》，歌德的《青年维特的烦恼》，阿德贝尔特•封•莎米索的《彼得•施莱米尔的奇异故事》，尼采的《偶像的黄昏》等。卫茂平教授以其成功的、完全遵循中国创作传统的文学性翻译，为德国的《蓬头彼得》，树立了一座美丽的碑碣。他的《蓬头彼得》向我们展示了，这个小淘气及其伙伴们，就是身着中国外衣，也怡然自得。

事实上，展读这部少儿作品，可以发现，其中所录故事，其主题不仅一如既往地具有现实意义，而且在跨文化方面也让人惊讶地涵义丰富。它们提醒儿童不要玩火，走路时不能心不在焉，批评虐待动物的行为和种族歧视，或者教导孩子们培养良好的就餐习惯和注意卫生。作者没突显道德问题，但将其价值内容——如书名副标题所示——包容在这些“有趣的故事和滑稽的图画”里。

恰好现在，这本带有老派“滑稽”图画（它们同样出自海因里希•霍夫曼的笔下）的书，在世界范围内经历着某种复兴和获得了新的评价。作为已经出版多种《蓬头彼得》版本的出版社（其名称和标识源自蓬头彼得的版本史），我们希望，就是这个中文版本，也能为此书所获绵延不断的声誉，有所添助。适逢中文在德国中小学作为一门课程越来越受欢迎的时代，但愿一些德国的中小学生，喜欢这些用中文讲述的“有趣的故事”。 因为他们中的大部分人，自小就熟悉蓬头彼得。而在中国儿童和成人的手里，此书一定能打开一条通向德国文化的——尽管是不怎么起眼的——通道。此书除了美丽的汉语文本，还包含德语原文。但愿这个做法，受到学德语的中国读者的欢迎。

我们很高兴，能推出这个版本，希望此书赢得众多觉得有趣和感到开心的中德年少（及年长）读者的青睐。

墨水瓶出版社

Vorwort

„Der Struwwelpeter“ des Frankfurter Arztes Dr. Heinrich Hoffmann ist das bekannteste deutsche Kinderbuch. Seit es im Jahre 1845 zum ersten Mal erschien, wurde es in fast 120 Sprachen und Dialekte übersetzt und ist zu einem wahrhaft internationalen Buch geworden.

Aus Anlass der 200. Wiederkehr des Geburtstages von Heinrich Hoffmann (1809-1894) erscheint nun diese chinesische Fassung, übersetzt durch den bekannten chinesischen Germanisten Wei Maoping, Professor an der Shanghai International Studies University, der neben zahlreichen anderen Werken der deutschen Literatur und Philosophie auch „Grimms Märchen“, Otfried Preußlers „Mein Rübezahlbuch“, Martin Walsers „Ein springender Brunnen“, Goethes „Leiden des jungen Werther“, Adelbert von Chamissos „Peter Schlemihls wundersame Geschichte“ und Friedrich Nietzsches „Götzen-Dämmerung“ übertragen hat. Professor Wei hat dem deutschen „Struwwelpeter“ mit seiner gelungenen literarischen Übersetzung, die ganz in der Tradition chinesischer Dichtung steht, ein schönes Denkmal gesetzt. Sein „Pengtou Bide“ zeigt uns, dass sich der kleine Schlingel und seine Kameraden durchaus auch in chinesischem Gewand wohl fühlen. In der Tat fällt beim Betrachten und Lesen des Kinderbuchs auf, dass die Themen der darin enthaltenen Geschichten nicht nur nach wie vor aktuell, sondern auch in erstaunlichem Maße kulturübergreifend relevant sind. Sie warnen die Kinder vor dem Spiel mit dem Feuer und vor Unachtsamkeit auf der Straße, verurteilen Tierquälerei und Rassismus oder lehren gute Tischmanieren und Hygiene. Statt jedoch die Moral in den Vordergrund zu stellen, verpackt der Autor diese Werte in – wie der Untertitel des Buches heißt – „Lustige Geschichten und drollige Bilder“.

Gerade jetzt erlebt das Buch mit seinen altmodischen, „drolligen“ Bildern, die ebenfalls von Heinrich Hoffmann stammen, weltweit eine gewisse Renaissance und Neubewertung. Als Verlag, der bereits mehrere Struwwelpetertitel im Programm hat und dessen Name und Logo aus einer Struwwelpetergeschichte stammen, hoffen wir, dass auch diese chinesische Version zur fortdauernden Wertschätzung des Buches beiträgt. In einer Zeit, in der Chinesisch als Unterrichtsfach an Schulen in Deutschland immer beliebter wird, mögen sich manche deutsche Schüler, von denen die meisten ja den „Struwwelpeter“ von Kind auf kennen, an den „lustigen Geschichten“ auf Chinesisch erfreuen. Und in den Händen chinesischer Kinder und Erwachsener kann das Buch sicher einen – wenn auch noch so bescheidenen – Zugang zur deutschen Kultur eröffnen. Die Tatsache, dass das Buch neben der schönen chinesischen Fassung auch den deutschen Originaltext enthält, mag chinesischen Muttersprachlern, die Deutsch lernen, willkommen sein.

Wir freuen uns, diese Ausgabe vorlegen zu können, und wünschen dem Buch viele interessierte und amüsierte junge (und ältere) chinesische und deutsche Leser.

Edition Tintenfaß

蓬头彼得

有趣的故事
和
滑稽的图画

如果孩子们乖乖，
圣诞老人就会来。
如果他们饭吃光，
而且喝汤也不忘；
如果他们不吵闹，
游戏时也静悄悄；
悠悠散步草地上，
总由妈妈牵手掌；
圣诞老人赠礼物，
小人书儿人一本。

瞧瞧他站在这里，
嘿嘿这蓬头彼得！
看看哟他的模样，
头发呀不让梳理，
指甲啊不曾修剪，
几乎有整整一年。
人人见了都惊叫：
蓬头彼得丑八怪！

调皮的弗里德里希的故事

这个弗里德里希，
一个坏孩让人气！
他在家里抓苍蝇，
撕去翅膀让爬行。
砸坏椅子打飞鸟，
猫儿受难纷纷逃。
他在家里称王霸，
格莱辛姐挨他打。

井边站着一大狗，
喝水嘟嘟张大口。
这个弗里德里希，
皮鞭在手屏气息，
猛打大狗汪汪叫，
加上脚踢还不饶。
大狗把他腿咬住，
伤口深深血汩汩。
这个弗里德里希，
又哭又喊好丧气。
皮鞭紧紧口中咬，
大狗急急往家逃。

这个弗里德里希，
伤口疼痛床不起。
医生陪他坐床边，
递给他吃苦药片。

大狗安坐他桌边，
吃着蛋糕香又甜。
美味肝肠真可口，
解渴还有葡萄酒。
背后皮鞭挂在椅，
小心翼翼身不离。

一个玩火柴的不幸故事

父母双双不在家，
宝琳一人闷得慌。
蹦蹦跳跳满屋转，
鼓起勇气歌又唱。
忽然看见盒火柴，
满心欢喜往前迈。
多么好玩又有趣，
这是一件好玩具。
妈妈常把它点燃，
我也要把它来玩。

小猫明茨和芒茨，
双双举起尖爪子，
朝前扑跃把她劝：
玩火爸爸不允许。
咪咪喵喵咪咪喵，
放下不然要火烧。

宝琳不听猫儿劝，
火柴点燃真好玩。
火苗呼呼滋滋响，
就象漂亮画一样。
宝琳高兴不得了，
又蹦又跳满屋转。

小猫明茨和芒茨，
抬起它们尖爪子，
朝前扑跃警告她：
玩火妈妈不允许。
咪咪喵喵咪咪喵，
扔掉不然要火烧。

说着火已烧衣裳，
围裙燃起心发慌。
烧上手背和头发，
全身燃起人发傻。

明茨芒茨叫救命，
喊声凄惨又震惊：
赶快赶快来人啊，
一个小孩着火啦！
咪咪喵喵咪咪喵，
快救孩子被火烧。

一切烧得精精光，
只剩雪亮鞋一双；
可怜孩子没几岁，
留下只有灰一堆。

小猫明茨和芒茨，
一边哭得惨兮兮：
喵呜喵呜喵呜呜，
不知父母在何处？
眼泪流淌象小溪，
小溪流到田野里。

黑孩子的故事

如墨似漆一黑孩，
迈步走到大门外。
太阳公公来上班，
他就打起一把伞。
路德维希正过来，
一面小旗手中摆。
卡斯帕尔快步行，
手里拿着S形饼。
还有威廉也来前，
带着他的铁圈圈。
三人乐得不可支，
只等黑孩走过来。

这时来了尼古拉，
大墨水瓶手中拿。
孩子们呀跟我来，
不要取笑小黑孩。
黑人皮肤生来有，
不能自己来选就。
调皮孩子不听话，
百般嘲笑真无法。
嘻嘻哈哈声更响，
指指点点黑孩慌。

尼古拉呀好气恼，
不信你往图上瞧！
一把抓起顽皮孩，
手臂衣裳和脑袋。

路德维希和威廉，
卡斯帕尔在挣扎。
都被塞进大瓶中，
高喊救命也无用。
巨人生气不高兴，
顽童得入墨水瓶。

看哪三人在这里，
远比黑孩更黑漆。
黑孩前面打阳伞，
墨染黑孩后面赶。
不把黑孩来嘲笑，
尼古拉呀不会恼。

一个蛮横猎人的故事

一个猎人真蛮横，
绿色猎装穿在身。
拿起背囊火药袋，
背着猎枪森林来。

一副眼睛鼻梁架，
盘算要把兔子打。

兔子稳稳坐高高，
暗暗在把猎人笑。

太阳闪闪放金光，
抗枪猎人累得慌。
树后躺倒脸朝天，
一切兔子都看见。
猎人睡着呼噜大，
兔子悄悄挨近他。
拿起猎枪和眼镜，
一溜烟儿无踪影。

眼睛兔子自己戴，
架上鼻子摇摆摆。
端起猎枪要射击，
吓得猎人逃急急。
一路跑去一路跳，
救命救命使劲叫。

蛮横猎人逃仓皇，
最后逃到一井旁。
情况紧急跳井里，
兔子正好扣扳机。

猎人妻子喝咖啡，
身靠窗子手拿杯。
枪声响起杯子碎，
吓了一跳惊呼谁？
井边正坐一小兔，
开枪兔子是它母。
身在草丛没看见，
咖啡流下滴鼻尖。
大叫谁把我烫伤，
高举汤勺往上挡。

嘬手指的小孩的故事

妈妈说声：康拉德，
我要出门有一刻。
呆在家里别淘气，
等着妈妈回家里。
好好听着康拉德，
嘬大拇指要不得。
不听裁缝就会到，
带着那把大剪刀。
剪下你的大拇指，
就像剪下一张纸。

妈妈刚把家门离，
呼哧！拇指入嘴里。

这时啪嗒门打开，
裁缝忽然走进来。
嘣地一下跳进屋，
朝着顽孩往前扑。
提着一把大剪刀，
动作利落又灵巧。
哎呀拇指被剪下，
康拉德呀哭哇哇。

妈妈回家好惦念，
只见儿子哭丧脸。
两个拇指都被剪，
叫他怎把妈妈见。

喝汤卡斯帕尔的故事

卡斯帕尔年虽幼，
圆圆滚滚像只球。
红红脸蛋胖又壮，
只因大口爱喝汤。
忽然一天他嘟囔：
我呀再也不喝汤。

第二天啊看图上，
他已不再那么壮。
他还不停嘟囔囔：
我就不想喝那汤。

第三天啊不用说，
卡斯帕尔瘦又弱。
但是热汤端过来，
他呀仍然把手晃：
就是不想再喝汤。

第四天啊看这边，
卡斯帕尔像根线。
体重只有一点点，
第五天啊上西天。

好动的菲利普的故事

菲利普呀听我说，
乖乖别动桌边坐。
爸爸教训声严肃，
妈妈看儿情关注。
菲利普呀坐一边，
爸爸说话听不见。
扭来转去难坐稳，
前俯后仰不安分。
左顾右盼身摇荡，
或前或后把手晃。
不吃饭来尽找乐，
惹得爸爸来斥责。

看哪看哪孩子们，
菲利普啊有多愣。
看图画呀快快来，
他呀越晃越厉害。
椅子突然往后荡，
后面空空无物挡。
伸手赶忙抓桌布，
张口大叫有何助。
杯盘刀叉和面包，
一起撒下散四处。
妈妈无奈瞧桌子，
一声不吭看儿子。

菲利普呀这可好，
桌布底下藏猫猫。
美味珍馐一大桌，
这下全得去喂猪。
面包小吃还有汤，
一切都被撒地上。
汤盘也已成两半，
父母呆呆两旁站。
张口结舌好不恼，
没有东西把肚饱。

汉斯朝天望的故事

每当汉斯上学校，
两眼直往空中瞧。
屋顶白云和燕子，
从不旁顾目光直。
自己脚下却不顾，
双脚迈开走大步。
人人见了都害怕：
汉斯从不看脚下！

一条小狗窜过路，
汉斯什么都不顾。
目不转睛空中看，
有人边上惊声唤：
汉斯小心狗跑到。
看哪会出什么事？
啪嗒一下不得了，
汉斯和狗并排倒。

有一天哪在河边，
书包在手沉甸甸。
蓝蓝天空高又高，
他看燕子空中飘。
目不转睛走向前，
越走越近小河边。
三条小鱼在嬉戏，
张着小嘴惊不已。

还有一步扑通通，
汉斯一头栽水中。
吓得小鱼急游开，
找个地方躲起来。

幸亏附近有集市，
来了俩人救汉斯，
伸出两条大竹杠，
把他提到水面上。

现在汉斯浑身湿，
这可是件倒霉事。
河水哗哗往下落，
头发滴水入眼窝。
衣服贴身直淌水，
冷得哆嗦能怨谁？

三条小鱼不再逃，
一起游来看热闹。
水中伸出脑袋瓜，
来找汉斯看笑话。
嘲笑声声长好久，
汉斯小帽远飘走。

飞天罗伯特的故事

每当大雨瓢泼下，
每当风暴田野刮，
女孩子呀男孩子，
呆在家里得听话。
罗伯特呀忽然想，
外面一定更好玩！
撑着雨伞上野外，
趟着雨水到处转。

哎呀大风吹口哨，
大树也已弯下腰。
看哪大风刮起伞，
雨伞带着罗伯特。
飞上天空远又高，
没人听见他喊叫。
飞呀飞呀碰到云，
帽子早已无处寻。

雨伞带着罗伯特，
穿过乌云风不舍。
帽子远远飞在前，
飞到天边已不见。
风吹他们去哪里，
无人知晓这秘密。

Heinrich Hoffmann
Der Struwwelpeter
Lustige Geschichten und drollige Bilder

Vorspruch

Wenn die Kinder artig sind,
kommt zu ihnen das Christkind;
wenn sie ihre Suppe essen
und das Brot auch nicht vergessen,
wenn sie, ohne Lärm zu machen,
still sind bei den Siebensachen,
beim Spaziergehn auf den Gassen
von Mama sich führen lassen,
bringt es ihnen Gut's genug
und ein schönes Bilderbuch.

Der Struwwelpeter

Sieh einmal, hier steht er,
Pfui! der Struwwelpeter!
An den Händen beiden
ließ er sich nicht schneiden
seine Nägel fast ein Jahr;
kämmen ließ er nicht sein Haar.
»Pfui!« ruft da ein jeder:
»Garstger Struwwelpeter!«

Die Geschichte vom bösen Friederich

Der Friederich, der Friederich,
das war ein arger Wüterich!
Er fing die Fliegen in dem Haus
und riss ihnen die Flügel aus.
Er schlug die Stühl und Vögel tot,
die Katzen litten große Not.
Und höre nur, wie bös er war:
Er peitschte seine Gretchen gar!

Am Brunnen stand ein großer Hund,
trank Wasser dort mit seinem Mund.
Da mit der Peitsch herzu sich schlich
der bitterböse Friederich;
und schlug den Hund, der heulte sehr,
und trat und schlug ihn immer mehr.
Da biss der Hund ihn in das Bein,
recht tief bis in das Blut hinein.
Der bitterböse Friederich,
der schrie und weinte bitterlich. –
Jedoch nach Hause lief der Hund
und trug die Peitsche in dem Mund.

Ins Bett muss Friedrich nun hinein,
litt vielen Schmerz an seinem Bein;
und der Herr Doktor sitzt dabei
und gibt ihm bittre Arzenei.

Der Hund an Friedrichs Tischchen saß,
wo er den großen Kuchen aß;
aß auch die gute Leberwurst
und trank den Wein für seinen Durst.
Die Peitsche hat er mitgebracht
und nimmt sie sorglich sehr in acht.

Die gar traurige Geschichte mit dem Feuerzeug

Paulinchen war allein zu Haus,
die Eltern waren beide aus.
Als sie nun durch das Zimmer sprang
mit leichtem Mut und Sing und Sang,

da sah sie plötzlich vor sich stehn
ein Feuerzeug, nett anzusehn.
»Ei«, sprach sie, »ei, wie schön und fein,
Das muss ein trefflich Spielzeug sein.
Ich zünde mir ein Hölzchen an,
wie's oft die Mutter hat getan.«

Und Minz und Maunz, die Katzen,
erheben ihre Tatzen.
Sie drohen mit den Pfoten:
»Der Vater hat's verboten!
Miau! Mio! Miau! Mio!
Lass stehn! Sonst brennst du lichterloh!«

Paulinchen hört die Katzen nicht!
Das Hölzchen brennt gar hell und licht,
das flackert lustig, knistert laut,
grad wie ihr's auf dem Bilde schaut.
Paulinchen aber freut sich sehr
und sprang im Zimmer hin und her.

Doch Minz und Maunz, die Katzen,
erheben ihre Tatzen.
Sie drohen mit den Pfoten:
»Die Mutter hat's verboten!
Miau! Mio! Miau! Mio!
Wirf's weg! Sonst brennst du lichterloh!«

Doch, weh! die Flamme fasst das Kleid,
die Schürze brennt; es leuchtet weit.
Es brennt die Hand, es brennt das Haar,
es brennt das ganze Kind sogar.

Und Minz und Maunz, die schreien
gar jämmerlich zu zweien:
»Herbei! Herbei! Wer hilft geschwind?
Im Feuer steht das ganze Kind!
Miau! Mio! Miau! Mio!
Zu Hilf! Das Kind brennt lichterloh!«

Verbrannt ist alles ganz und gar,
das arme Kind mit Haut und Haar;
ein Häuflein Asche blieb allein
und beide Schuh, so hübsch und fein.

Und Minz und Maunz, die kleinen,
die sitzen da und weinen:
»Miau! Mio! Miau! Mio!
Wo sind die armen Eltern? Wo?«
Und ihre Tränen fließen
wie's Bächlein auf den Wiesen.

Die Geschichte von den schwarzen Buben

Es ging spazieren vor dem Tor
ein kohlpechrabenschwarzer Mohr.
Die Sonne schien ihm aufs Gehirn,
da nahm er seinen Sonnenschirm.
Da kam der Ludwig hergerannt
und trug ein Fähnchen in der Hand.
Der Kaspar kam mit schnellem Schritt
und brachte seine Brezel mit;
und auch der Wilhelm war nicht steif
und brachte seinen runden Reif.
Die schrien und lachten alle drei,
als dort das Mohrchen ging vorbei,
weil es so schwarz wie Tinte sei!

Da kam der große Nikolas
mit seinem großen Tintenfass.
Der sprach: »Ihr Kinder, hört mir zu,
und lasst den Mohren hübsch in Ruh!
Was kann denn dieser Mohr dafür,
dass er so weiß nicht ist wie ihr?«
Die Buben aber folgten nicht
und lachten ihm ins Angesicht
und lachten ärger als zuvor
über den armen schwarzen Mohr.

Der Niklas wurde bös und wild, –
du siehst es hier auf diesem Bild!
Er packte gleich die Buben fest,
beim Arm, beim Kopf, bei Rock und West,
den Wilhelm und den Ludewig,
den Kaspar auch, der wehrte sich.
Er tunkt sie in die Tinte tief,
wie auch der Kaspar: »Feuer!« rief.
Bis übern Kopf ins Tintenfass
tunkt sie der große Nikolas.

Du siehst sie hier, wie schwarz sie sind,
viel schwärzer als das Mohrenkind!
Der Mohr voraus im Sonnenschein,
die Tintenbuben hintendrein;
und hätten sie nicht so gelacht,
hätt' Niklas sie nicht schwarz gemacht.

Die Geschichte vom wilden Jäger

Es zog der wilde Jägersmann
sein grasgrün neues Röcklein an;
nahm Ranzen, Pulverhorn und Flint
und lief hinaus ins Feld geschwind.

Er trug die Brille auf der Nas
und wollte schießen tot den Has.

Das Häschen sitzt im Blätterhaus
und lacht den blinden Jäger aus.

Jetzt schien die Sonne gar zu sehr,
da ward ihm sein Gewehr zu schwer.
Er legte sich ins grüne Gras;
das alles sah der kleine Has.
Und als der Jäger schnarcht' und schlief,
der Has ganz heimlich zu ihm lief
und nahm die Flint und auch die Brill
und schlich davon ganz leis und still.

Die Brille hat das Häschen jetzt
sich selbst auf seine Nas gesetzt,
und schießen will's aus dem Gewehr.
Der Jäger aber fürcht' sich sehr.
Er läuft davon und springt und schreit:
»Zu Hilf, ihr Leut! Zu Hilf, ihr Leut!«

Da kommt der wilde Jägersmann
zuletzt beim tiefen Brünnchen an.
Er springt hinein. Die Not war groß;
es schießt der Has die Flinte los.

Des Jägers Frau am Fenster saß
und trank aus ihrer Kaffeetass'.
Die schoss das Häschen ganz entzwei;
da rief die Frau: »O wei! O wei!«
Doch bei dem Brünnchen heimlich saß
des Häschens Kind, der kleine Has.
Der hockte da im grünen Gras;
dem floss der Kaffee auf die Nas.
Er schrie: »Wer hat mich da verbrannt?«
und hielt den Löffel in der Hand.

Die Geschichte vom Daumenlutscher

»Konrad!« sprach die Frau Mama,
»ich geh aus und du bleibst da.
Sei hübsch ordentlich und fromm,
bis nach Haus ich wieder komm.
Und vor allem, Konrad, hör!
lutsche nicht am Daumen mehr;
denn der Schneider mit der Scher
kommt sonst ganz geschwind daher,
und die Daumen schneidet er
ab, als ob Papier es wär.«

Fort geht nun die Mutter, und
wupp! den Daumen in den Mund.

Bautz! da geht die Türe auf,
und herein in schnellem Lauf
springt der Schneider in die Stub
zu dem Daumen-Lutscher-Bub.
Weh! Jetzt geht es klipp und klapp
mit der Scher die Daumen ab,
mit der großen scharfen Scher!
Hei! Da schreit der Konrad sehr.

Als die Mutter kommt nach Haus,
sieht der Konrad traurig aus.
Ohne Daumen steht er dort,
die sind alle beide fort.

Die Geschichte vom Suppen-Kaspar

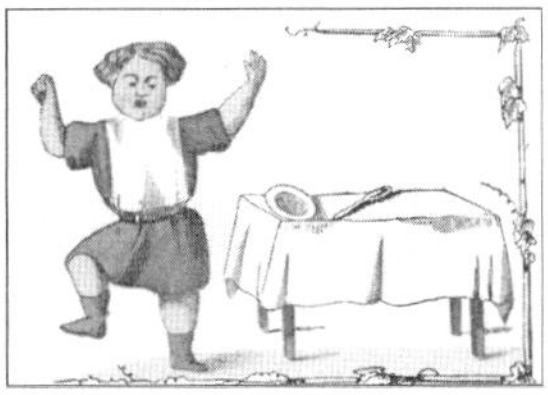

Der Kaspar, der war kerngesund,
ein dicker Bub und kugelrund,
er hatte Backen rot und frisch;
die Suppe aß er hübsch bei Tisch.
Doch einmal fing er an zu schrein:
»Ich esse keine Suppe! Nein!
Ich esse meine Suppe nicht!
Nein, meine Suppe ess ich nicht!«

Am nächsten Tag, ja sieh nur her!
da war er schon viel magerer.
Da fing er wieder an zu schrein:
»Ich esse keine Suppe! Nein!
Ich esse meine Suppe nicht!
Nein, meine Suppe ess ich nicht!«

Am dritten Tag, o weh und ach!
wie ist der Kaspar dünn und schwach!
Doch als die Suppe kam herein,
gleich fing er wieder an zu schrein:
»Ich esse keine Suppe! Nein!
Ich esse meine Suppe nicht!
Nein, meine Suppe ess ich nicht!«

Am vierten Tage endlich gar
der Kaspar wie ein Fädchen war.
Er wog vielleicht ein halbes Lot, –
und war am fünften Tage tot.

Die Geschichte vom Zappel-Philipp

»Ob der Philipp heute still
wohl bei Tische sitzen will?«
Also sprach in ernstem Ton
der Papa zu seinem Sohn,
und die Mutter blickte stumm
auf dem ganzen Tisch herum.
Doch der Philipp hörte nicht,
was zu ihm der Vater spricht.
Er gaukelt
und schaukelt,
er trappelt
und zappelt
auf dem Stuhle hin und her.
»Philipp, das missfällt mir sehr!«

Seht, ihr lieben Kinder, seht,
wie's dem Philipp weiter geht!
Oben steht es auf dem Bild.
Seht! Er schaukelt gar zu wild,
bis der Stuhl nach hinten fällt;
da ist nichts mehr, was ihn hält;
nach dem Tischtuch greift er, schreit.
Doch was hilft's? Zu gleicher Zeit
fallen Teller, Flasch' und Brot,
Vater ist in großer Not,
und die Mutter blicket stumm
auf dem ganzen Tisch herum.

Nun ist Philipp ganz versteckt,
und der Tisch ist abgedeckt.
Was der Vater essen wollt,
unten auf der Erde rollt;
Suppe, Brot und alle Bissen,
alles ist herabgerissen;
Suppenschüssel ist entzwei,
und die Eltern stehn dabei.
Beide sind gar zornig sehr,
haben nichts zu essen mehr.

Die Geschichte vom Hans Guck-in-die-Luft

Wenn der Hans zur Schule ging,
stets sein Blick am Himmel hing.
Nach den Dächern, Wolken, Schwalben
schaut er aufwärts, allenthalben.
Vor die eignen Füße dicht,
ja, da sah der Bursche nicht,
also dass ein jeder ruft:
»Seht den Hans Guck-in-die-Luft!«

Kam ein Hund dahergerannt;
Hänslein blickte unverwandt
in die Luft.
Niemand ruft:
»Hans! gib acht, der Hund ist nah!«
Was geschah?
Pauz! Perdauz! – da liegen zwei!
Hund und Hänschen nebenbei.

Einst ging er an Ufers Rand
mit der Mappe in der Hand.
Nach dem blauen Himmel hoch
sah er, wo die Schwalbe flog,
also dass er kerzengrad
immer mehr zum Flusse trat.
Und die Fischlein in der Reih
sind erstaunt sehr, alle drei.

Noch ein Schritt! und plumps! der Hans
stürzt hinab kopfüber ganz! –
Die drei Fischlein sehr erschreckt
haben sich sogleich versteckt.

Doch zum Glück da kommen zwei
Männer aus der Näh herbei,
und die haben ihn mit Stangen
aus dem Wasser aufgefangen.

Seht! Nun steht er triefend nass!
Ei! das ist ein schlechter Spaß!
Wasser läuft dem armen Wicht
aus den Haaren ins Gesicht,
aus den Kleidern, von den Armen;
und es friert ihn zum Erbarmen.

Doch die Fischlein alle drei
schwimmen hurtig gleich herbei;
Strecken 's Köpflein aus der Flut,
lachen, dass man's hören tut,
lachen fort noch lange Zeit;
und die Mappe schwimmt schon weit.

Die Geschichte vom fliegenden Robert

Wenn der Regen niederbraust,
wenn der Sturm das Feld durchsaust,
bleiben Mädchen oder Buben
hübsch daheim in ihren Stuben. –
Robert aber dachte: »Nein!
Das muss draußen herrlich sein!« –
Und im Felde patschet er
mit dem Regenschirm umher.

Hui, wie pfeift der Sturm und keucht,
dass der Baum sich niederbeugt!
Seht! den Schirm erfasst der Wind,
und der Robert fliegt geschwind
durch die Luft so hoch, so weit.
Niemand hört ihn, wenn er schreit.
An die Wolken stößt er schon,
und der Hut fliegt auch davon.

Schirm und Robert fliegen dort
durch die Wolken immer fort.
Und der Hut fliegt weit voran,
stößt zuletzt am Himmel an.
Wo der Wind sie hingetragen,
ja! das weiß kein Mensch zu sagen.